Impressum
Verlag: BABADADA GmbH, Nedderfeld 112 , 22529 Hamburg
Geschäftsführer / Verlagsleitung: Harald Hof
Druck: Books on Demand GmbH, In de Tarpen 42, 22848 Norderstedt

Imprint
Publisher: BABADADA GmbH, Nedderfeld 112 , 22529 Hamburg, Germany
Managing Director / Publishing direction: Harald Hof
Print: Books on Demand GmbH, In de Tarpen 42, 22848 Norderstedt, Germany

skola

škola

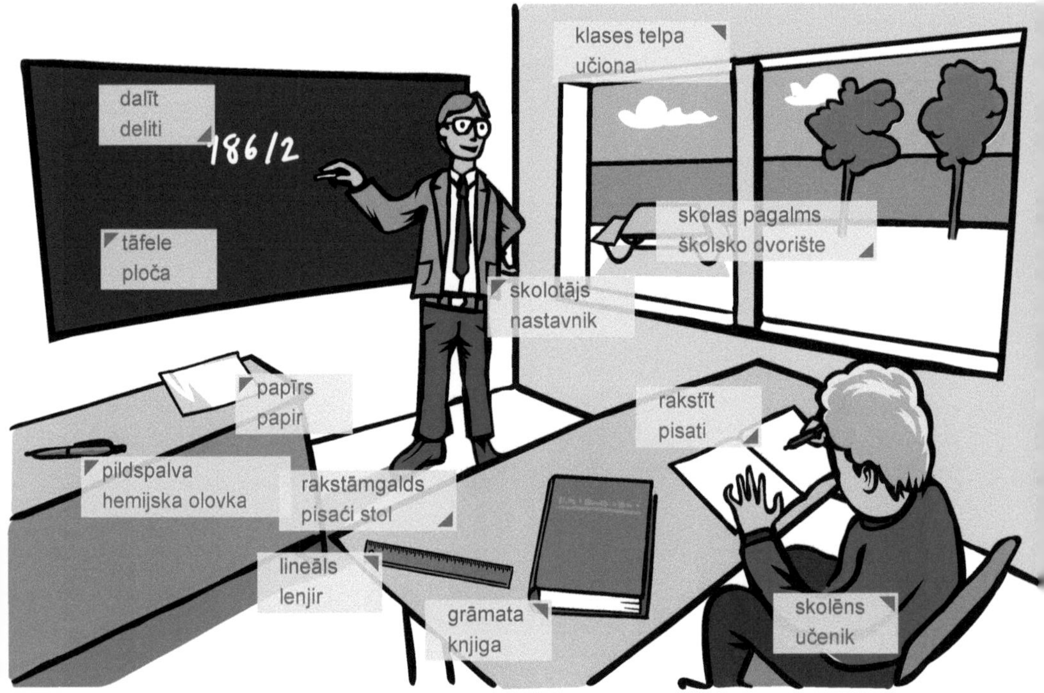

klases telpa
učiona
dalīt
deliti
186/2
tāfele
ploča
skolas pagalms
školsko dvorište
skolotājs
nastavnik
papīrs
papir
rakstīt
pisati
pildspalva
hemijska olovka
rakstāmgalds
pisaći stol
lineāls
lenjir
grāmata
knjiga
skolēns
učenik

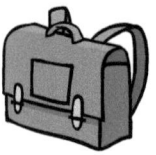

skolas soma

torba

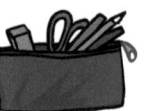

penālis

pernica

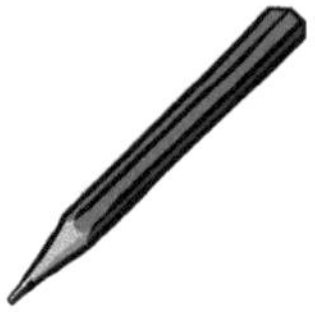

zīmulis

grafitna olovka

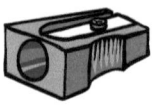

zīmuļu asināmais

šiljilo za olovke

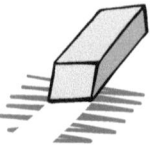

dzēšgumija

gumica za brisanje

zīmēšanas bloks

blok za crtanje

zīmējums
crtež

ota
kist

krāsas
kutija sa bojama

šķēres
makaze

līme
lepilo

darba burtnīca
beležnica

mājas darbs
domaći zadatak

skaitlis
broj

saskaitīt
sabirati

atņemt
oduzimati

reizināt
množiti

rēķināt
računati

burts
slovo

alfabēts
abeceda

vārds
reč

teksts

tekst

lasīt

čitati

krīts

kreda

mācību stunda

čas

žurnāls

dnevnik

eksāmens

ispit

liecība

svedočanstvo

skolas forma

školska uniforma

izglītība

obrazovanje

enciklopēdija

leksikon

universitāte

univerzitet

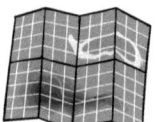

mikroskops

mikroskop

karte

karta

papīrgrozs

košara za papir

ceļojums
putovanje

viesnīca
hotel
Grand
hostelis
prenoćište
ROOMS
valūtas maiņas punkts
menjačnica
čemodāns
kofer
automašīna
auto

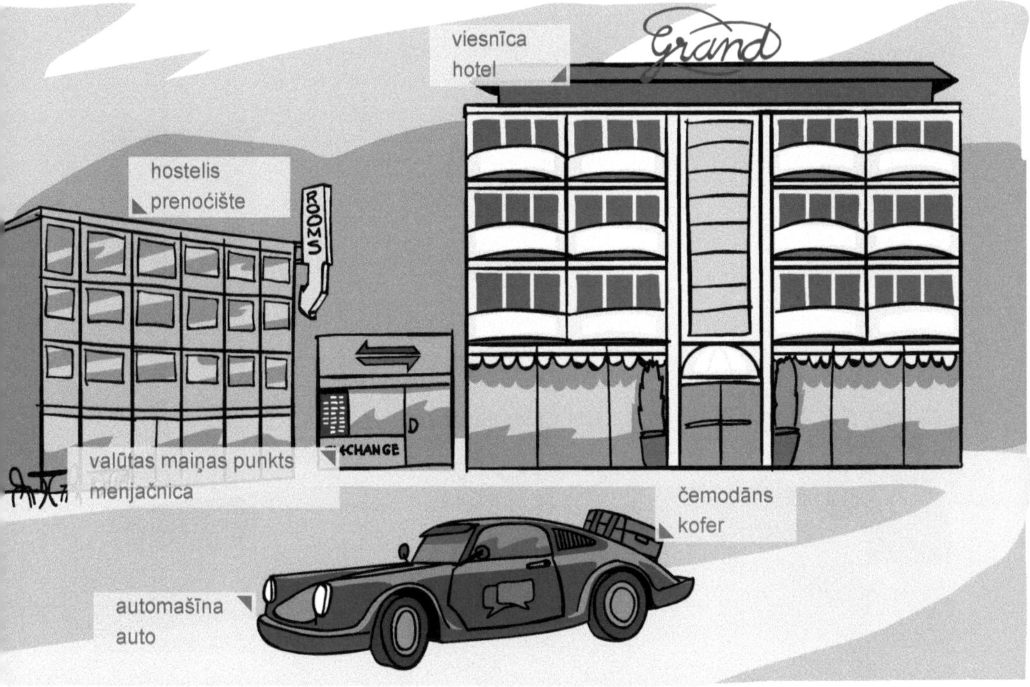

Valoda

jezik

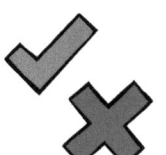

jā / nē

da / ne

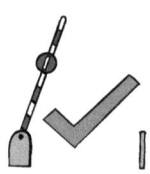

Okay

okej

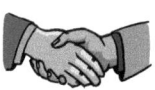

Sveiki!

zdravo

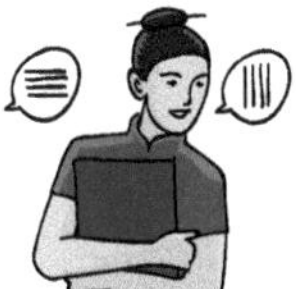

tulks

prevodilac

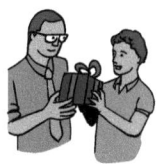

paldies

hvala

Cik maksā...?

Koliko košta...?

Es nesaprotu

ne razumem

problēma

problem

Labvakar!

dobro veče!

Labrīt!

Dobro jutro!

Ar labu nakti!

Laku noć!

Uz redzēšanos

doviđenja

virziens

smer

bagāža

prtljaga

soma

torba

mugursoma

ruksak

viesis

gost

istaba

soba

guļammaiss

vreća za spavanje

telts

šator

tūrisma informācija

turistiške informacije

pludmale

plaža

kredītkarte

kreditna kartica

brokastis

doručak

pusdienas

ručak

vakariņas

večera

biļete

karta za vožnju

lifts

lift

pastmarka

poštanska markica

robeža

granica

muita

carina

vēstniecība

ambasada

vīza

viza

pase

pasoš

transports
transport

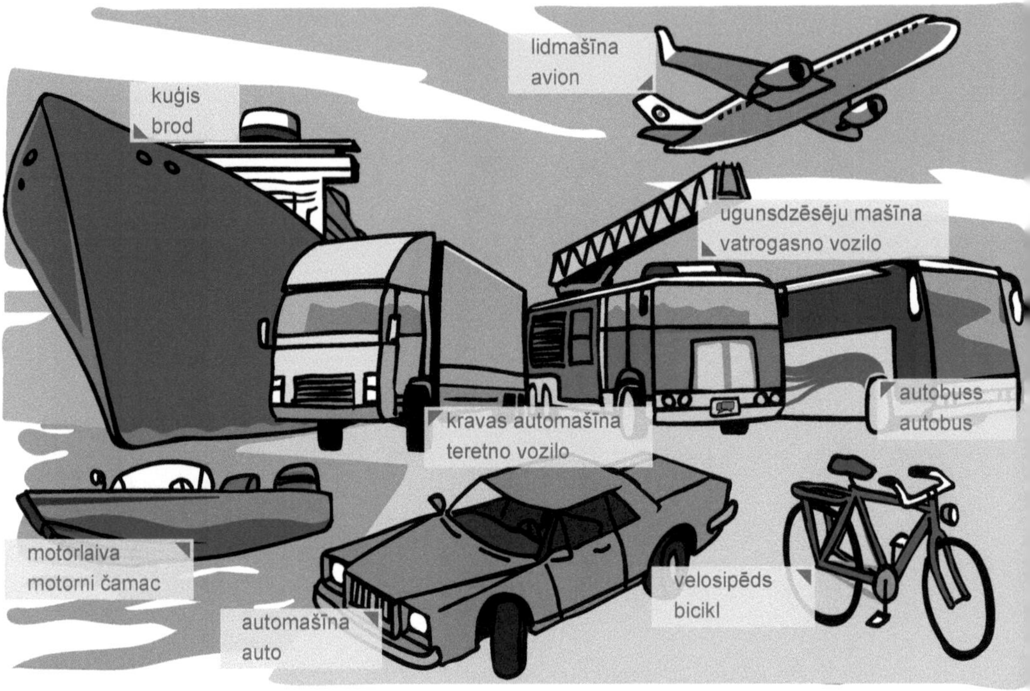
lidmašīna
avion
kuģis
brod
ugunsdzēsēju mašīna
vatrogasno vozilo
autobuss
autobus
kravas automašīna
teretno vozilo
motorlaiva
motorni čamac
velosipēds
bicikl
automašīna
auto

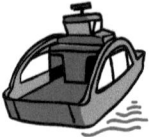

prāmis

trajekt

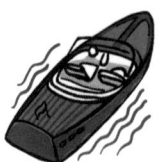

laiva

čamac

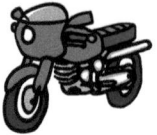

motocikls

motocikl

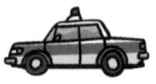

policijas automašīna

policijski auto

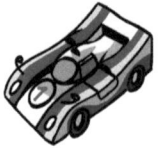

sacīkšu automobilis

trkaći auto

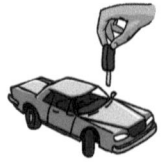

nomas auto

iznajmljeno auto

auto koplietošana

delenje automobila

evakuators

vučno vozilo

atkritumu mašīna

vozilo za odvoz smeća

dzinējs

motor

benzīns

benzin

degvielas uzpildes stacija

benzinska stanica

ceļa zīme

saobraćajni znak

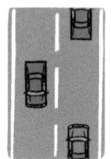

satiksme

saobraćaj

sastrēgums

zastoj

stāvvieta

parkiralište

dzelzceļa stacija

železnička stanica

sliedes

šine

vilciens

voz

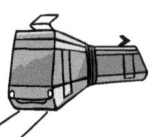

tramvajs

tramvaj

vagons

vagon

helikopters

helikopter

lidosta

aerodrom

tornis

kula

pasažieris

putnik

konteiners

kontejner

kaste

karton

ratiņi

kolica

grozs

korpa

pacelties / nosēsties

uzleteti / sleteti

pilsēta

grad

ciems

selo

pilsētas centrs

centar grada

māja

kuća

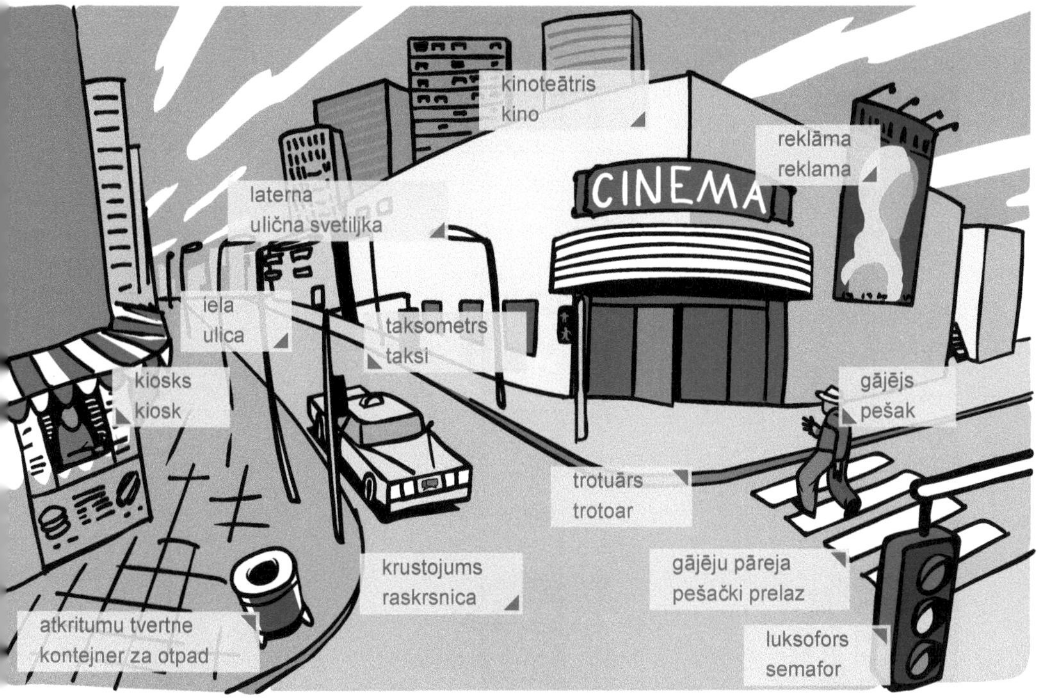

kinoteātris / kino

reklāma / reklama

laterna / ulična svetiljka

iela / ulica

taksometrs / taksi

CINEMA

gājējs / pešak

kiosks / kiosk

trotuārs / trotoar

krustojums / raskrsnica

gājēju pāreja / pešački prelaz

atkritumu tvertne / kontejner za otpad

luksofors / semafor

būda
koliba

dzīvoklis
stan

dzelzceļa stacija
železnička stanica

rātsnams
većnica

muzejs
muzej

skola
škola

universitāte

univerzitet

banka

banka

slimnīca

bolnica

viesnīca

hotel

aptieka

apoteka

birojs

kancelarija

grāmatnīca

knjižara

veikals

prodavnica

ziedu veikals

cvećara

lielveikals

supermarket

tirgus

trg

tirdzniecības centrs

robna kuća

zivju tirgotājs

ribarnica

tirdzniecības centrs

trgovački centar

osta

luka

parks

park

sols

klupa

tilts

most

kāpnes

stepenice

metro

podzemna železnica

tunelis

tunel

autobusa pieturvieta

autobuska stanica

bārs

bar

restorāns

restoran

pastkastīte

poštansko sanduče

ielas nosaukuma plāksne

ulični znak

stāvlaika skaitītājs

parkirni automat

zooloģiskais dārzs

zoološki vrt

peldbaseins

bazen

mošeja

džamija

zemnieku saimniecība

seosko gazdinstvo

vides piesārņojums

zagađenje okoline

kapsēta

groblje

baznīca

crkva

spēļu laukums

igralište

templis

hram

ainava

pejsaž

lapa
list

ceļrādis
putokaz

ceļš
put

pļava
livada

akmens
kamen

koks
drvo

ceļotājs
šetač

upe
reka

zāle
trava

puķe
cvijet

ieleja
dolina

kalns
planina

ezers
jezero

mežs
šuma

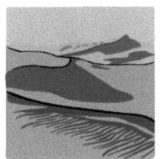

tuksnesis
pustinja

vulkāns
vulkan

pils
dvorac

varavīksne
duga

sēne
gljiva

palma
palma

moskīts
moskito

muša
muva

skudra
mrav

bite
pčela

zirneklis
pauk

vābole

buba

varde

žaba

vāvere

veverica

ezis

jež

zaķis

zec

pūce

sova

putns

ptica

gulbis

labud

meža cūka

divlja svinja

briedis

jelen

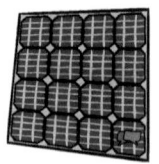

alnis

los

aizsprosts

nasip

vēja ģenerators

vetrenjača

saules baterija

solarna ploča

klimats

klima

restorāns
restoran

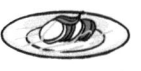

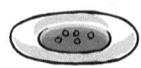

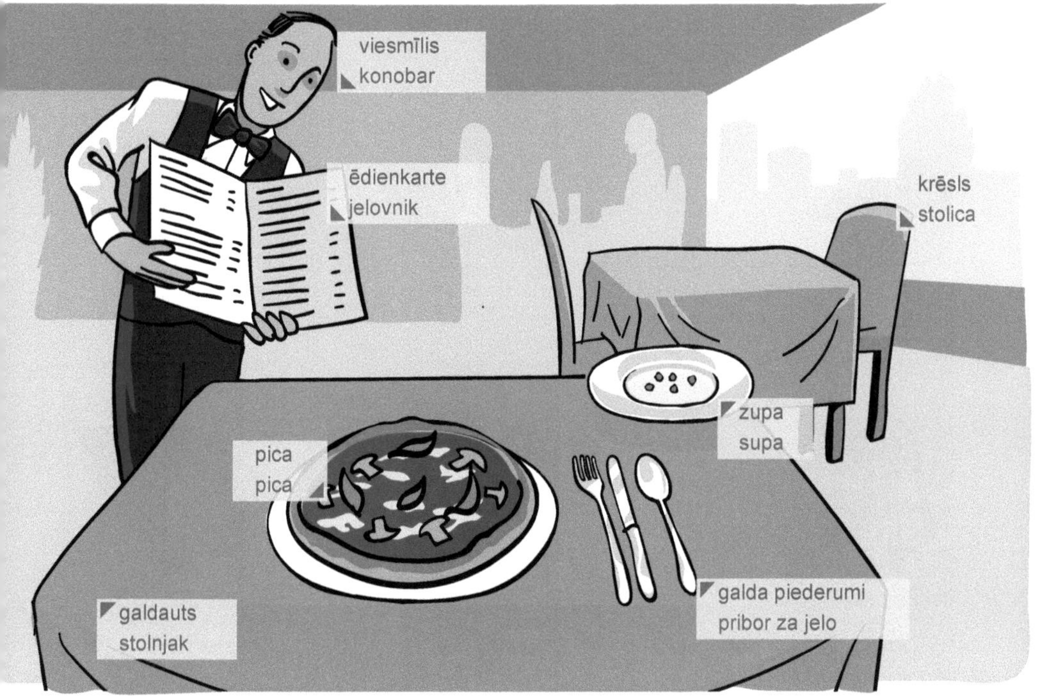

viesmīlis
konobar
ēdienkarte
jelovnik
krēsls
stolica
zupa
supa
pica
pica
galdauts
stolnjak
galda piederumi
pribor za jelo

uzkoda

predjelo

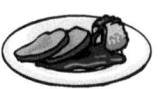

pamatēdiens

glavno jelo

deserts

desert

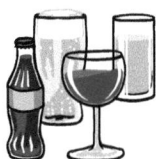

dzērieni

napitci

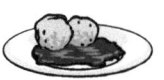

ēdiens

jelo

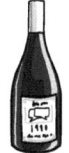

pudele

flaša

ātrās uzkodas

brza hrana

ielu uzkodas

imbis hrana

tējkanna

čajnik

cukurtrauks

doza za šećer

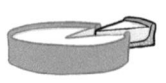

porcija

porcija

espresso kafijas automāts

aparat za espresso

bāra krēsls

visoka stolica

rēķins

račun

paplāte

poslužavnik

nazis

nož

dakša

viljuška

karote

kašika

tējkarote

čajna kašika

salvete

salveta

glāze

čaša

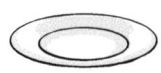

šķīvis

tanjir

zupas šķīvis

tanjir za supu

apakštase

tanjirić

mērce

sos

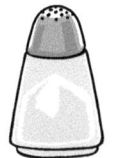

sāls trauciņš

soljenka

piparu dzirnaviņas

mlin za biber

etiķis

sirće

eļļa

ulje

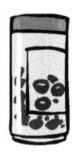

garšvielas

začini

kečups

kečap

sinepes

senf

majonēze

majoneza

lielveikals
supermarket

piedāvājums
ponuda
FOR
klients
kupac
piena produkti
mlečni proizvodi
augļi
voće
iepirkumu ratiņi
kolica za kupovinu

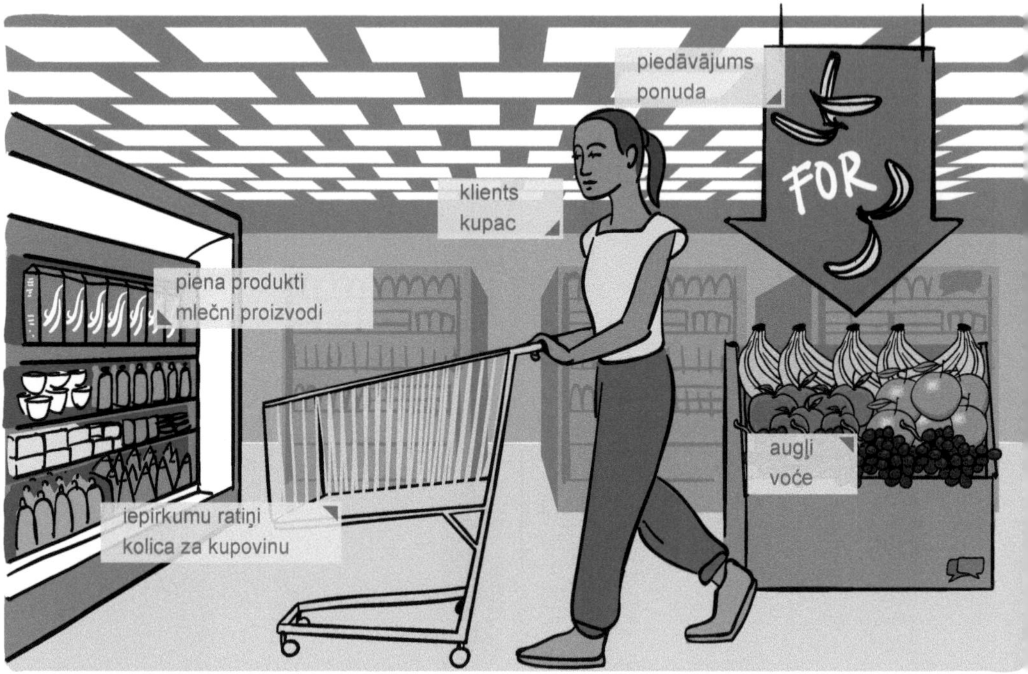

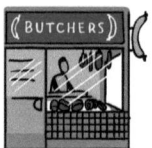

BUTCHERS
kautuve
mesnica

BAKERY
maizes veikals
pekara

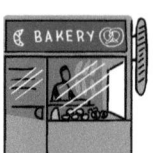

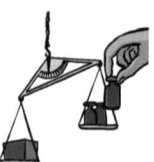

svērt
vagati

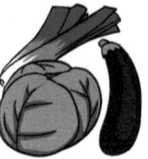

dārzeņi
povrće

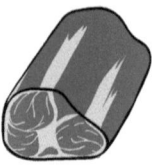

gaļa
meso

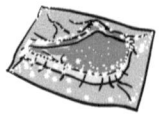

saldēti produkti
smrznuta hrana

aukstās gaļas uzkodas

narezak

konservi

konzerve

pulveris

sredstvo za pranje

saldumi

slatkiši

mājsaimniecības preces

artikli za domaćinstvo

tīrīšanas līdzeklis

sredstva za čišćenje

pārdevēja

prodavačica

kase

blagajna

kasieris

blagajnik

iepirkumu saraksts

lista za kupovinu

darba laiks

vreme rada

maks

novčanik

kredītkarte

kreditna kartica

soma

torba

maisiņš

plastična kesa

ūdens
voda

sula
sok

piens
mleko

kola
kola

vīns
vino

alus
pivo

alkohols
alkohol

kakao
kakao

tēja
čaj

kafija
kava

espresso
espresso

kapučīno
cappuccino

banāns
banana

ābols
jabuka

apelsīns
narandža

melone
lubenica

citrons
limun

burkāns
šargarepa

ķiploks
beli luk

bambuss
bambus

sīpols
luk

sēne
gljiva

rieksti
orašasti plodovi

makaroni
rezanci

spageti

špagete

rīsi

riža

salāti

salata

frī kartupeļi

pomfrit

cepti kartupeļi

pečeni krumpir

pica

pica

hamburgers

hamburger

sviestmaize

sendvič

šnicele

šnicla

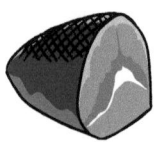

šķiņķis

šunka

salami

salama

desa

kobasica

vista

kokoš

cepetis

pečenje

zivs

riba

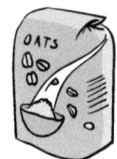

auzu pārslas

zobene pahuljice

muslis

musli

brokastu pārslas

kukuruzne pahuljice

milti

brašno

radziņš

kroasan

brokastu maizītes

pecivo

maize

hleb

tostermaize

toast

cepumi

keksi

sviests

maslac

biezpiens

sveži sir

kūka

kolač

ola

jaje

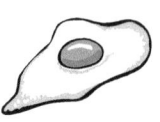

cepta ola

jaje na oko

siers

sir

ēdiens - jelo

saldējums

sladoled

cukurs

šećer

medus

med

marmelāde

marmelada

riekstu krēms

nugat krema

karijs

kari

ēdiens - jelo

zemnieku saimniecība
seosko gazdinstvo

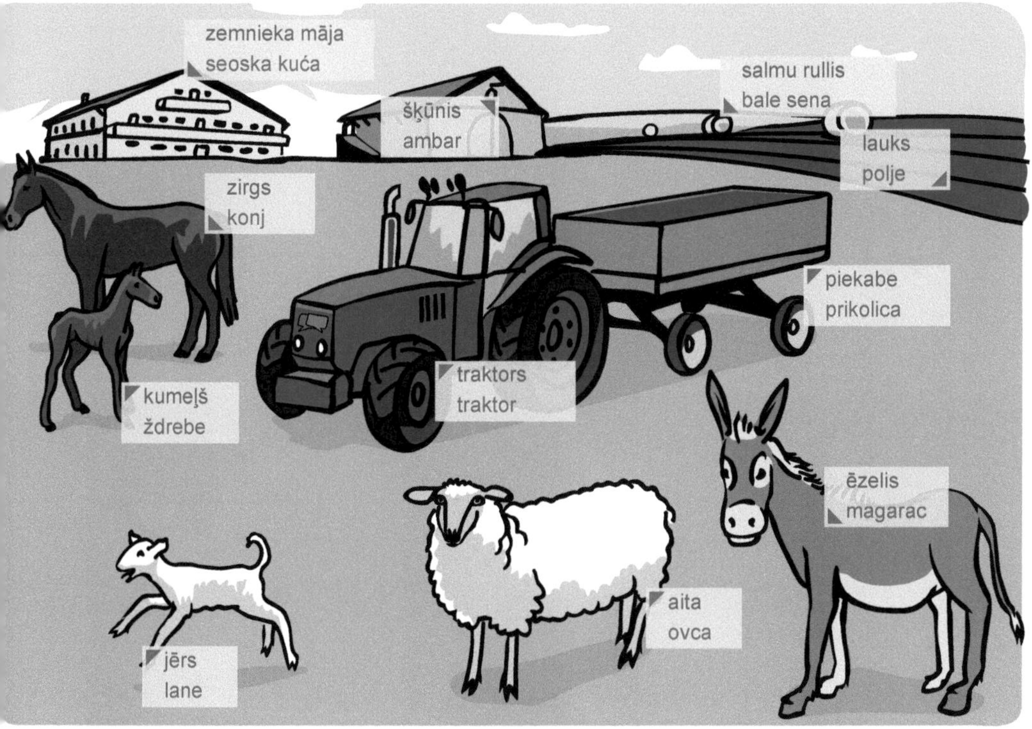
zemnieka māja
seoska kuća
šķūnis
ambar
salmu rullis
bale sena
lauks
polje
zirgs
konj
piekabe
prikolica
kumeļš
ždrebe
traktors
traktor
ēzelis
magarac
aita
ovca
jērs
lane

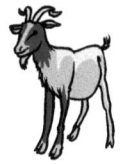

kaza

koza

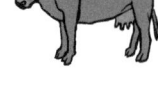

govs

krava

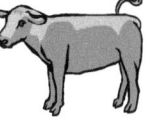

teļš

tele

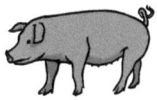

cūka

svinja

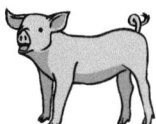

sivēns

prase

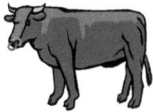

bullis

bik

zoss

guska

pīle

patka

cālis

pilići

vista

kokoš

gailis

petao

žurka

pacov

kaķis

mačka

pele

miš

vērsis

vol

suns

pas

suņa būda

kućica za psa

dārza šļūtene

vrtno crevo

lejkanna

kanta za polivanje

izkapts

kosa

arkls

plug

sirpis
srp

kaplis
motika

mēslu dakša
viljuška za đubrivo

cirvis
sekira

ķerra
tačke

sile
korito

piena kanna
posuda za mleko

maiss
vreća

žogs
ograda

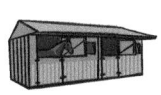

kūts
štala

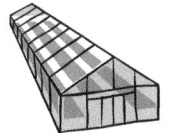

siltumnīca
staklenik

augsne
zemlja

sēklas
seme

mēslojums
đubrivo

kombains
kombajn

novākt ražu
žeti

raža
žetva

jamss
jams začin

kvieši
pšenica

soja
soja

kartupelis
krumpir

kukurūza
kukuruz

rapsis
uljana repica

augļu koks
voćka

manioka
gomolj manioke

labība
žitarice

māja
kuća

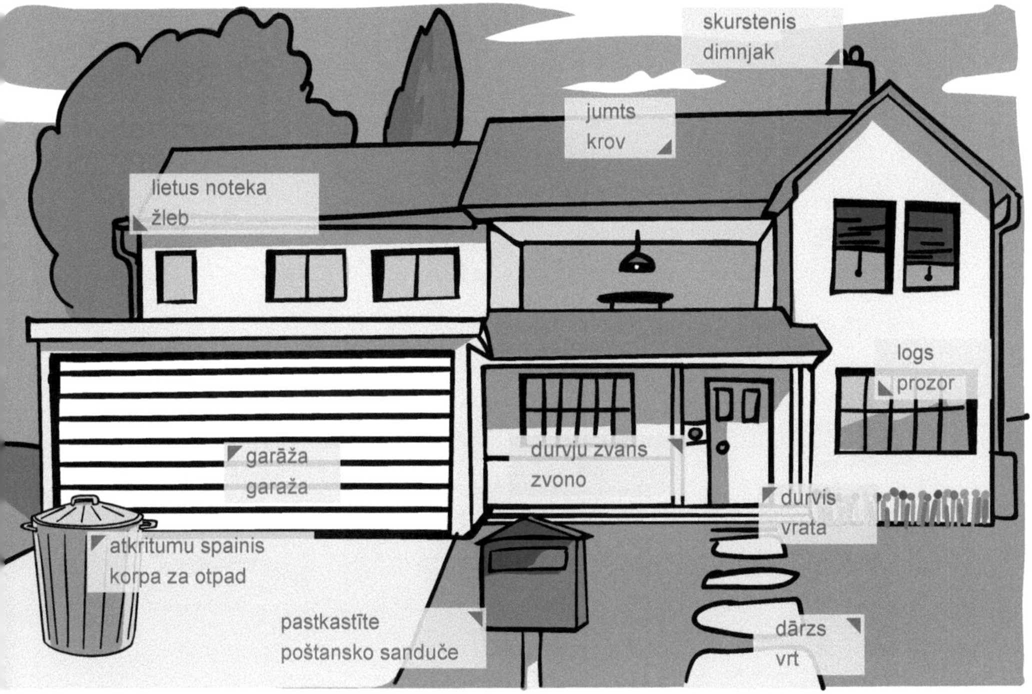

skurstenis
dimnjak
jumts
krov
lietus noteka
žleb
logs
prozor
garāža
garaža
durvju zvans
zvono
durvis
vrata
atkritumu spainis
korpa za otpad
pastkastīte
poštansko sandučе
dārzs
vrt

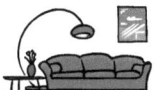

viesistaba

dnevna soba

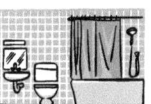

vannas istaba

kupaonica

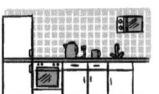

virtuve

kuhinja

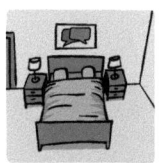

guļamistaba

spavaća soba

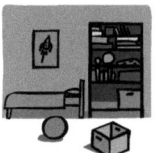

bērnu istaba

dečija soba

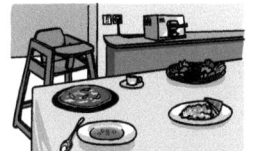

ēdamistaba

trpezarija

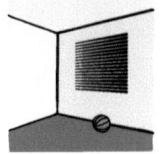

grīda
....
pod

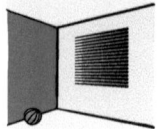

siena
....
zid

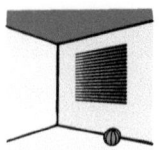

griesti
....
strop

pagrabs
....
podrum

sauna
....
sauna

balkons
....
balkon

terase
....
terasa

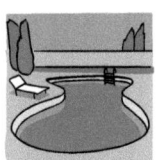

baseins
....
bazen

zāles pļāvējs
....
kosilica za travu

gultas veļa
....
posteljina za krevet

sega
....
deka za krevet

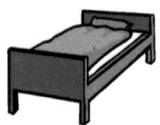

gulta
....
krevet

slota
....
metla

spainis
....
kanta

slēdzis
....
prekidač

māja - kuća

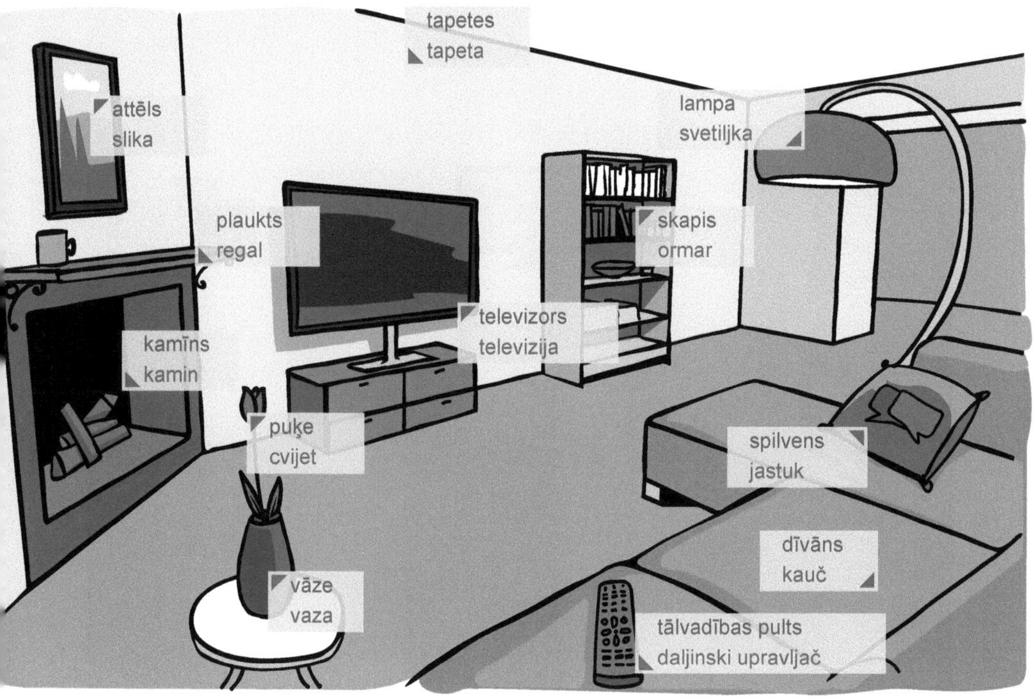

tapetes
tapeta

attēls
slika

lampa
svetiljka

plaukts
regal

skapis
ormar

kamīns
kamin

televizors
televizija

puķe
cvijet

spilvens
jastuk

dīvāns
kauč

vāze
vaza

tālvadības pults
daljinski upravljač

paklājs
tepih

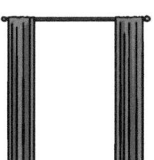

aizkars
zavesa

galds
sto

krēsls
stolica

šūpuļkrēsls
stolica za njihanje

atpūtas krēsls
fotelja

grāmata

knjiga

sega

deka

dekorācija

dekoracija

malka

drvo za ogrev

filma

film

mūzikas centrs

hi-fi uređaj

atslēga

ključ

avīze

novine

glezna

slika na platnu

plakāts

poster

radio

radio

pierakstu blociņš

blok za pisanje

putekļu sūcējs

usisivač

kaktuss

kaktus

svece

sveća

virtuve
kuhinja

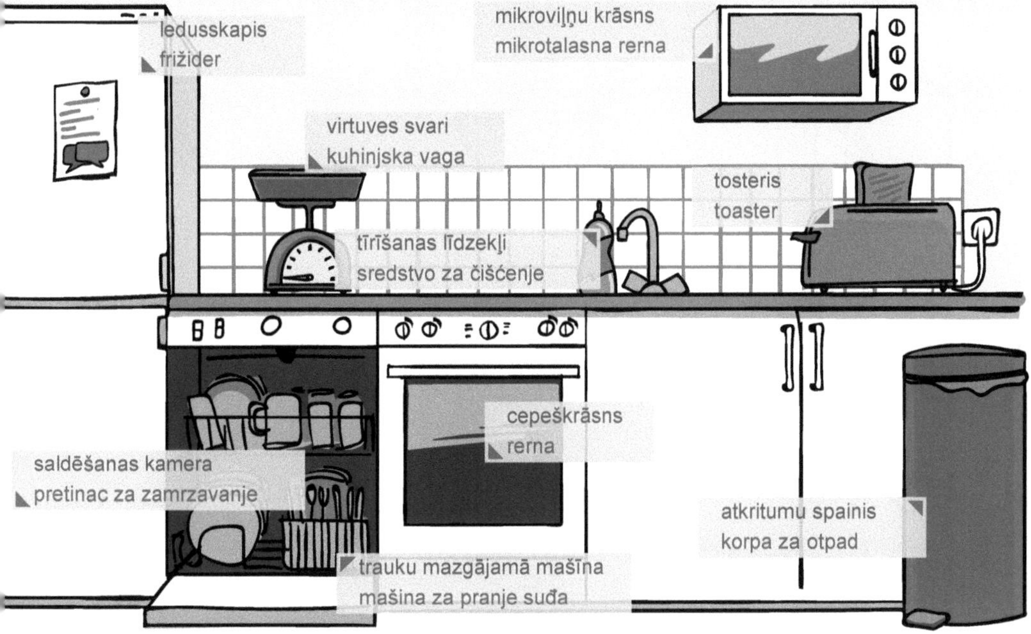
ledusskapis
frižider
mikroviļņu krāsns
mikrotalasna rerna
virtuves svari
kuhinjska vaga
tosteris
toaster
tīrīšanas līdzekļi
sredstvo za čišćenje
cepeškrāsns
rerna
saldēšanas kamera
pretinac za zamrzavanje
atkritumu spainis
korpa za otpad
trauku mazgājamā mašīna
mašina za pranje suđa

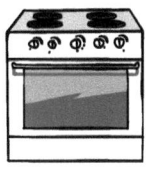

plīts

šporet

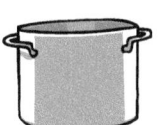

pods

lonac

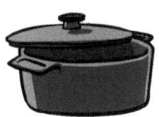

katls

gvozdeni lonac

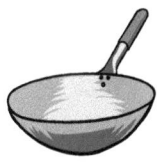

Wok panna

wok / kadai

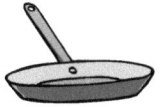

panna

tava

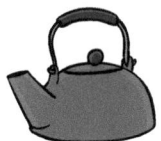

elektriskā tējkanna

kuvalo za vodu

tvaika katls

kuvalo na paru

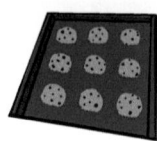

cepešpanna

lim za pečenje

trauki

posuđe

krūze

čaša

bļoda

posuda

irbulīši

štapići za jelo

kauss

kutlača

lāpstiņa

lopatica

putošanas slotiņa

penjača

sietiņš

sito za kuvanje

siets

sito

rīve

ribež

piesta

mužar

grilēt

roštilj

atklāts pavards

ognjište

dēlis
....
daska

mīklas rullis
....
oklagija

korķu viļķis
....
vadičep

bundža
....
konzerva

konservu nazis
....
otvarač konzervi

virtuves cimdi
....
krpa za lonac

izlietne
....
sudoper

birste
....
četka

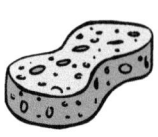

sūklis
....
sunđer

mikseris
....
mikser

saldētava
....
zamrzivač

bērna pudelīte
....
flašica za bebe

ūdenskrāns
....
slavina za vodu

vannas istaba
kupaonica

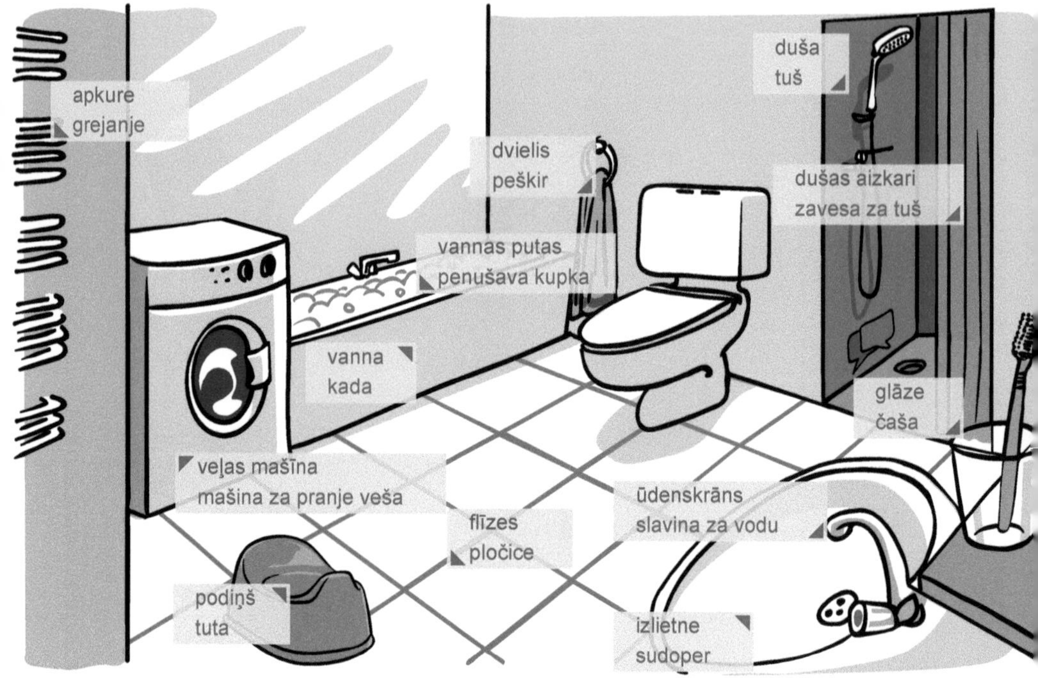

apkure
grejanje
dvielis
peškir
duša
tuš
dušas aizkari
zavesa za tuš
vannas putas
penušava kupka
vanna
kada
glāze
čaša
veļas mašīna
mašina za pranje veša
ūdenskrāns
slavina za vodu
flīzes
pločice
podiņš
tuta
izlietne
sudoper

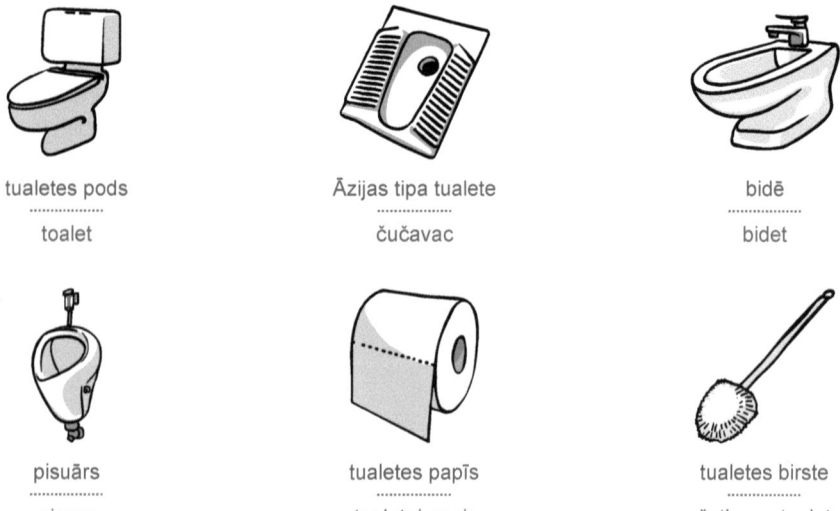

tualetes pods

toalet

Āzijas tipa tualete

čučavac

bidē

bidet

pisuārs

pisoar

tualetes papīs

toaletni papir

tualetes birste

četka za toalet

zobu birste

četkica za zube

zobu pasta

pasta za zube

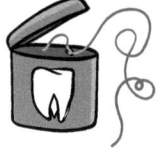

zobu diegs

konac za zube

mazgāt

prati

rokas duša

tuš ručica

duša

tuš za pranje intimnih delova

bļoda

lavor

muguras mazgāšanas birste

četka za pranje leđa

ziepes

sapun

dušas želeja

gel za tuširanje

šampūns

šampon

mazgāšanas drāna

krpa za pranje

noteka

odvod

krēms

krema

dezodorants

dezodorans

spogulis
ogledalo

spogulītis
kozmetičko ogledalo

skuveklis
brijač

skūšanās putas
pena za brijanje

losjons pēc skūšanās
losion za posle brijanja

ķemme
češalj

matu suka
četka

matu fēns
fen za kosu

matu laka
sprej za kosu

grima komplekts
makeup

lūpu krāsa
ruž za usne

nagulaka
lak za nokte

vate
vata

šķērītes
makaze za nokte

smaržas
parfem

kosmētikas maks

kozmetička torbica

ķeblītis

stolica

svari

vaga

halāts

ogrtač

tīrīšanas cimdi

rukavice za čišćenje

tampons

tampon

pakete

uložak

ķīmiskā tualete

hemijski toalet

bērnu istaba
dečija soba

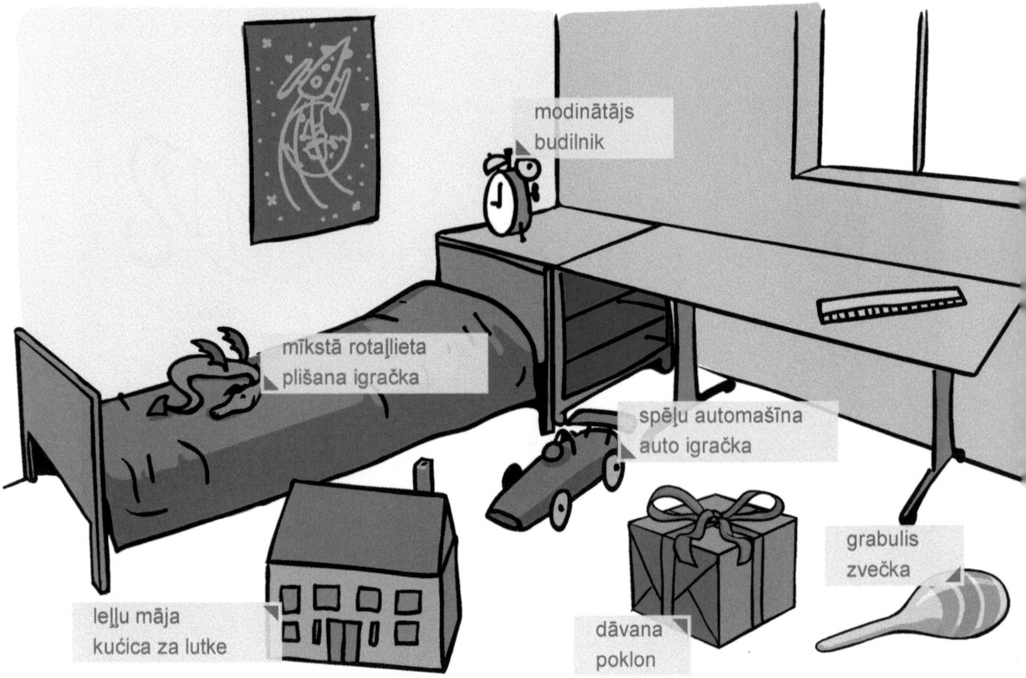
modinātājs
budilnik
mīkstā rotaļlieta
plišana igračka
spēļu automašīna
auto igračka
grabulis
zvečka
leļļu māja
kućica za lutke
dāvana
poklon

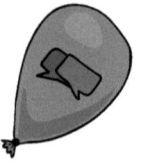

balons
balon

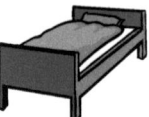

gulta
krevet

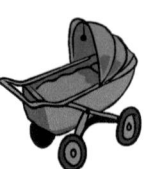

bērnu ratiņi
dječija kolica

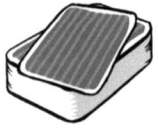

kārtis
igra s kartama

puzle
slagalica

SUPER
MEGA

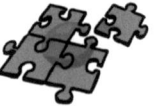

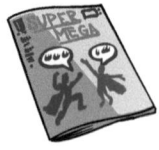

komikss
strip

LEGO klucīši

lego kockice

klucīši

kockice za slaganje

varoņu figūra

akcioni junak

rāpulītis

benkica za bebe

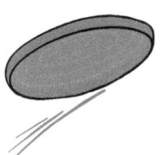

lidojošais šķīvītis

frizbi

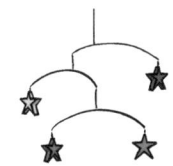

muzikālais karuselis

viseće igračke

galda spēle

društvene igre

metamais kauliņš

kocka

rotaļu dzelzceļš

minijaturna željeznica

māneklis

duda

ballīte

zabava

bilžu grāmata

slikovnica

bumba

lopta

lelle

lutka

spēlēt

igrati

smilšu kaste

pješčanik

šūpoles

ljuljačka

rotaļlietas

igračka

spēļu konsole

konzola za igre

trīsritenis

tricikl

plīša lācītis

tedi

drēbju skapis

ormar

apģērbs

odeća

īszeķes

kratke čarape

zeķes

čarape

zeķbikses

hulahopke

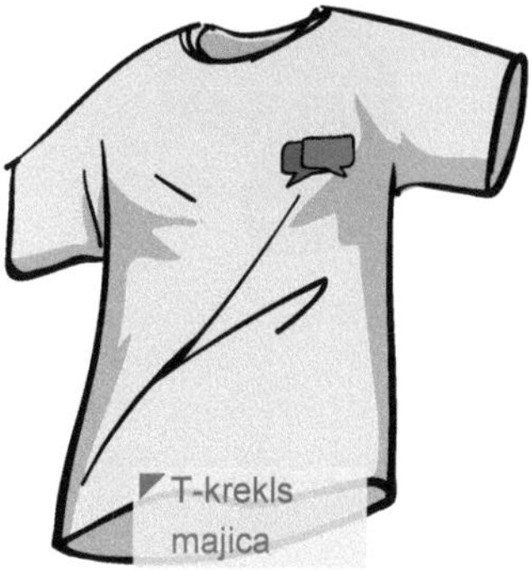

šalle
šal

siksna
kaiš

lietussargs
kišobran

T-krekls
majica

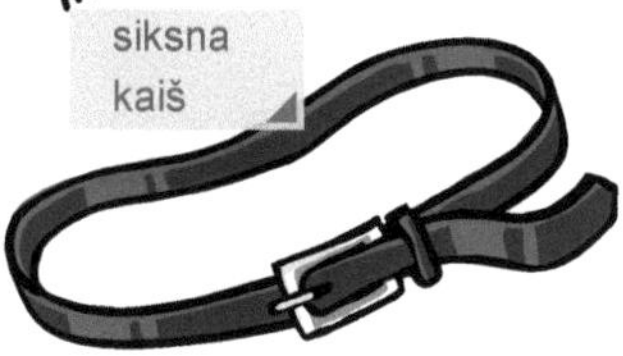

zābaks
čizme

čības
papuče

botas
patike

sandales
....
sandale

kurpes
....
cipele

gumijas zābaki
....
gumene čizme

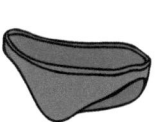

apakšbikses
....
gaćice

krūšturis
....
grudnjak

apakškrekls
....
potkošulja

apģērbs - odeća

bodijs

bodi

bikses

pantalone

džinsi

farmerke

svārki

suknja

blūze

bluza

krekls

košulja

pulovers

džemper

džemperis

džemper s kapuljačom

žakete

sako

jaka

jakna

mētelis

kaput

lietus mētelis

kabanica

kostīms

kostim

kleita

haljina

kāzu kleita

venčanica

uzvalks

odelo

naktskrekls

spavaćica

pidžama

pidžama

sari

sari

lakats

marama za glavu

turbāns

turban

burka

burka

kaftāns

kaftan

abaja

abaja

peldkostīms

kupaći kostim

peldbikses

kupaće gaćice

šorti

kratke pantalone

treniņtērps

odeća za trening

priekšauts

kecelja

cimdi

rukavice

poga

dugme

brilles

naočare

rokassprādze

narukvica

kaklarota

ogrlica

gredzens

prsten

auskars

naušnica

cepure

kapa

drēbju pakaramais

vešalica

platmale

šešir

kaklasaite

kravata

rāvējslēdzējs

patent zatvarač

ķivere

kaciga

bikšturi

naramenice

skolas forma

školska uniforma

uniforma

uniforma

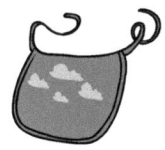

priekšautiņš

podbradak

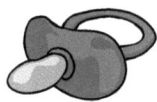

māneklis

duda

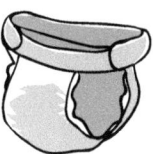

autiņbiksītes

pelena

birojs

kancelarija

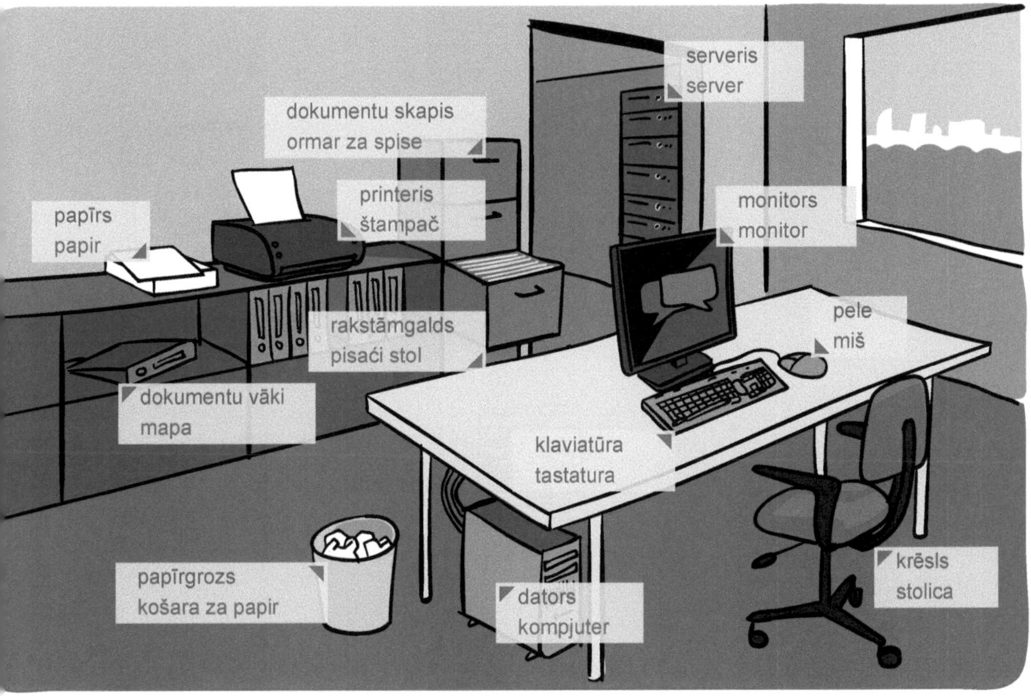
serveris
server
dokumentu skapis
ormar za spise
printeris
štampač
papīrs
papir
monitors
monitor
pele
miš
rakstāmgalds
pisaći stol
dokumentu vāki
mapa
klaviatūra
tastatura
papīrgrozs
košara za papir
dators
kompjuter
krēsls
stolica

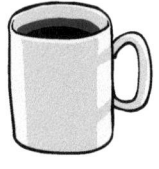

kafijas krūze

šalica za kavu

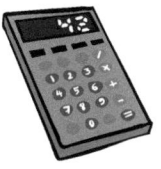

kalkulators

kalkulator

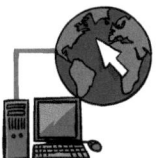

internets

internet

portatīvais dators

laptop

vēstule

pismo

ziņa

poruka

mobilais tālrunis

mobilni telefon

tīkls

mreža

kopētājs

uređaj za kopiranje

programmatūra

softver

telefons

telefon

rozete

utičnica

faksa aparāts

faks

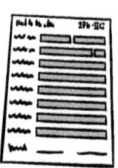

formulārs

formular

dokuments

dokument

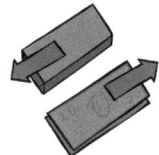

pirkt
kupovati

samaksāt
platiti

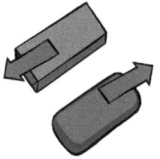

tirgot
trgovati

nauda
novac

USD

dolārs
dolar

EUR

eiro
evro

JPY

jēna
jen

RUB

rublis
rublja

CHF

franks
švajcarski franak

CNY

juaņa renminbi
renmindbi juan

INR

rūpija
rupija

bankomāts
automat za novac

valūtas maiņas punkts

menjačnica

zelts

zlato

sudrabs

srebro

nafta

nafta

enerģija

energija

cena

cena

līgums

ugovor

nodoklis

porez

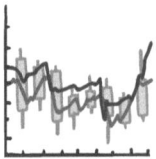

akcija

deonica

strādāt

raditi

darbinieks

službenik

darba devējs

poslodavac

fabrika

fabrika

veikals

prodavnica

policists
policajac

ugunsdzēsējs
vatrogasac

pavārs
kuvar

ārsts
lekar

pīlots
pilot

dārznieks
vrtlar

galdnieks
stolar

šuvēja
krojačica

tiesnesis
sudija

ķīmiķis
hemičar

aktieris
glumac

autobusa vadītājs	taksometra vadītājs	zvejnieks
vozač autobusa	vozač taksija	ribar

apkopēja	jumiķis	viesmīlis
čistačica	krovopokrivač	konobar

mednieks	gleznotājs	maiznieks
lovac	slikar	pekar

elektriķis	celtnieks	inženieris
električar	građevinski radnik	inženjer

miesnieks	skārdnieks	pastnieks
mesar	limar	poštar

karavīrs

vojnik

arhitekts

arhitekta

kasieris

blagajnik

florists

cvećar

frizieris

frizer

konduktors

kondukter

mehāniķis

mehaničar

kapteinis

kapetan

zobārsts

zubar

zinātnieks

naučnik

rabīns

rabi

imāms

imam

mūks

monah

mācītājs

svećenik

instrumenti
alati

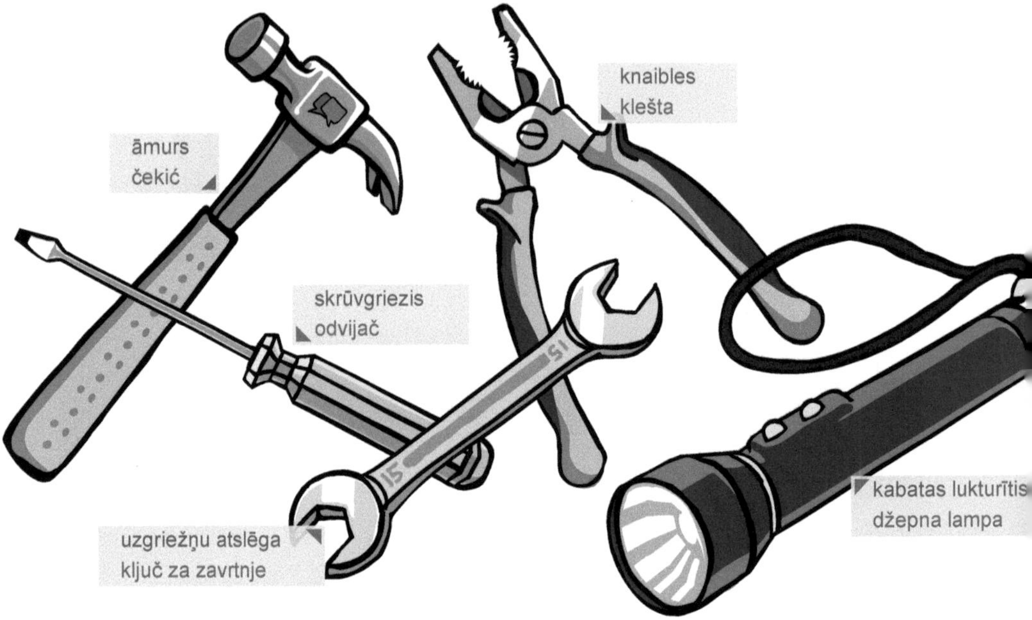

knaibles
klešta
āmurs
čekić
skrūvgriezis
odvijač
kabatas lukturītis
džepna lampa
uzgriežņu atslēga
ključ za zavrtnje

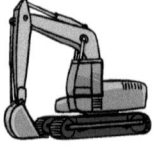

ekskavators
bager

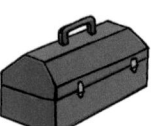

instrumentu kaste
kutija za alat

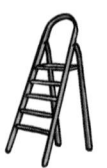

kāpnes
merdevine

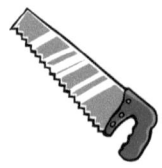

zāģis
pila

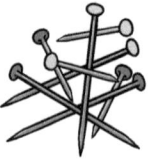

naglas
ekser

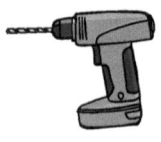

urbis
bušilica

remontēt

popraviti

lāpsta

lopata

Velns!

do đavola!

liekšķere

lopatica

krāsas bundža

lonac za boju

skrūves

zavrtanji

mūzikas instrumenti
muzički instrument

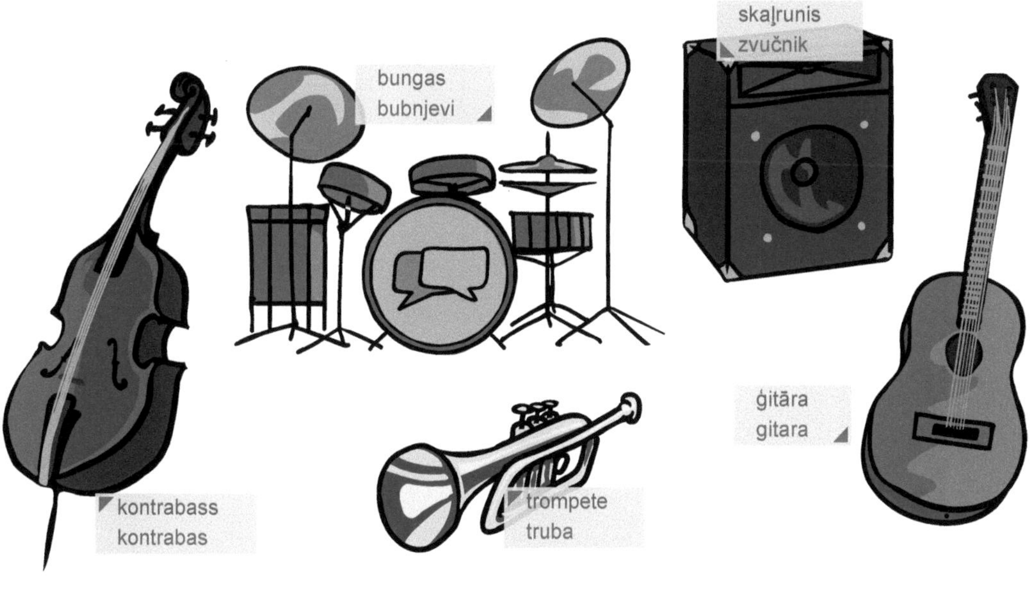

skaļrunis
zvučnik

bungas
bubnjevi

ģitāra
gitara

kontrabass
kontrabas

trompete
truba

klavieres

klavir

vijole

violina

bass

bas

timpāni

timpani

bungas

udaraljke za bubnjeve

digitālās klavieres

tipke klavira

saksofons

saksofon

flauta

flauta

mikrofons

mikrofon

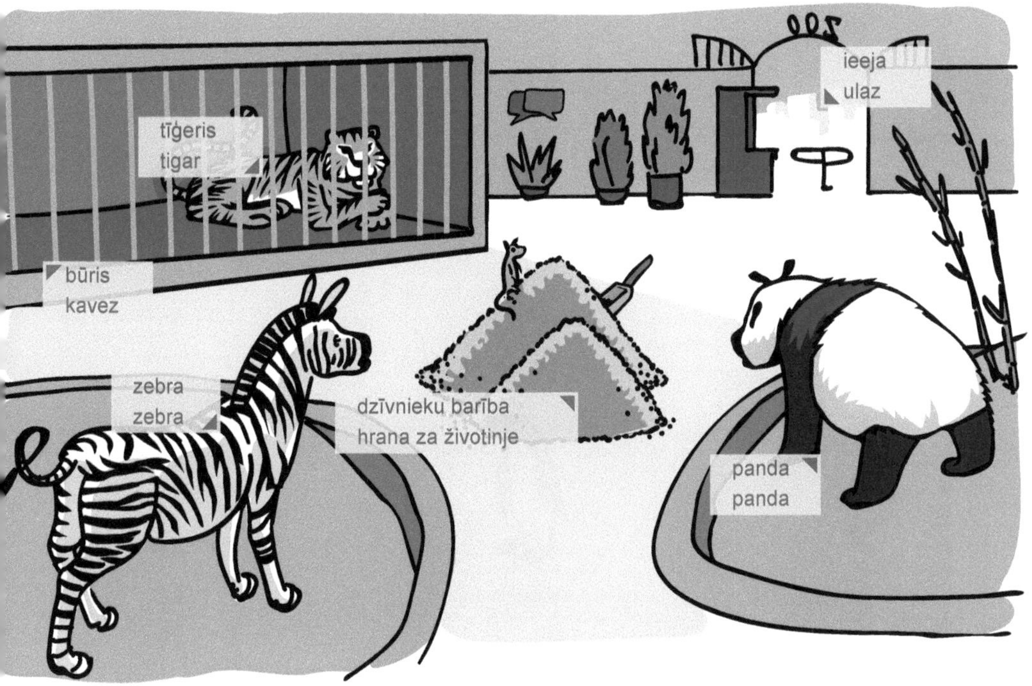

ieeja
ulaz

tīģeris
tigar

būris
kavez

zebra
zebra

dzīvnieku barība
hrana za životinje

panda
panda

dzīvnieki

životinje

zilonis

slon

ķengurs

kengur

degunradzis

nosorog

gorilla

gorila

lācis

medved

kamielis

kamila

strauss

noj

lauva

lav

pērtiķis

majmun

flamings

flamingo

papagailis

papagaj

polārlācis

polarni medved

pingvīns

pingvin

haizivs

ajkula

pāvs

paun

čūska

zmija

krokodils

krokodil

zoodārza sargs

čuvar u zoološkom vrtu

ronis

tuljan

jaguārs

jaguar

ponijs

poni

leopards

leopard

nīlzirgs

nilski konj

žirafe

žirafa

ērglis

orao

meža cūka

divlja svinja

zivs

riba

bruņurupucis

kornjača

valzirgs

morž

lapsa

lisica

gazele

gazela

amerikāņu futbols
americki nogomet

riteņbraukšana
biciklizam

teniss
tenis

basketbols
košarka

peldēšana
plivanje

bokss
boks

hokejs
hokej na ledu

futbols
fudbal

badmintons
badminton

vieglatlētika
atletika

rokas bumba
rukomet

slēpošana
skijanje

polo
polo

smieties
smejati se

lēkt
skočiti

apskaut
zagrliti

iet
ići

dziedāt
pevati

sapņot
sanjati

lūgt
moliti se

skūpstīt
poljubiti

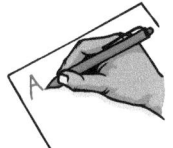

rakstīt
....
pisati

zīmēt
....
crtati

rādīt
....
pokazati

spiest
....
gurati

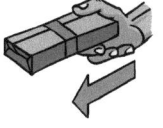

dot
....
dati

ņemt
....
uzeti

būt
imati

darīt
činiti

būt
biti

stāvēt
stojati

skriet
trčati

vilkt
povlačiti

mest
baciti

krist
padati

gulēt
ležati

gaidīt
čekati

nest
nositi

sēdēt
sediti

uzģērbt
oblačiti

gulēt
spavati

pamosties
probuditi se

skatīties

gledati

raudāt

plakati

glāstīt

milovati

ķemmēt

češljati

runāt

govoriti

saprast

razumeti

jautāt

pitati

dzirdēt

slušati

dzert

piti

ēst

jesti

sakārtot

pospremiti

mīlēt

voleti

vārīt

kuhati

braukt

voziti

lidot

leteti

burot

ploviti

rēķināt

računati

lasīt

čitati

mācīties

učiti

strādāt

raditi

precēties

venčati se

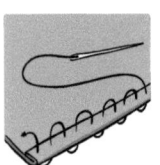

šūt

šiti

tīrīt zobus

prati zube

nogalināt

ubiti

smēķēt

pušiti

sūtīt

poslati

vecāmāte
baka

vectēvs
deda

tēvs
otac

māte
majka

mazulis
beba

meita
kćerka

dēls
sin

viesis

gost

tante

tetka

onkulis

ujak, stric

brālis

brat

māsa

sestra

ķermenis

telo

piere
čelo
acs
oko
plecs
rame
pirksts
prst
seja
lice
zods
brada
roka
ruka
kāja
noga
krūtis
grudi
roka
ruka

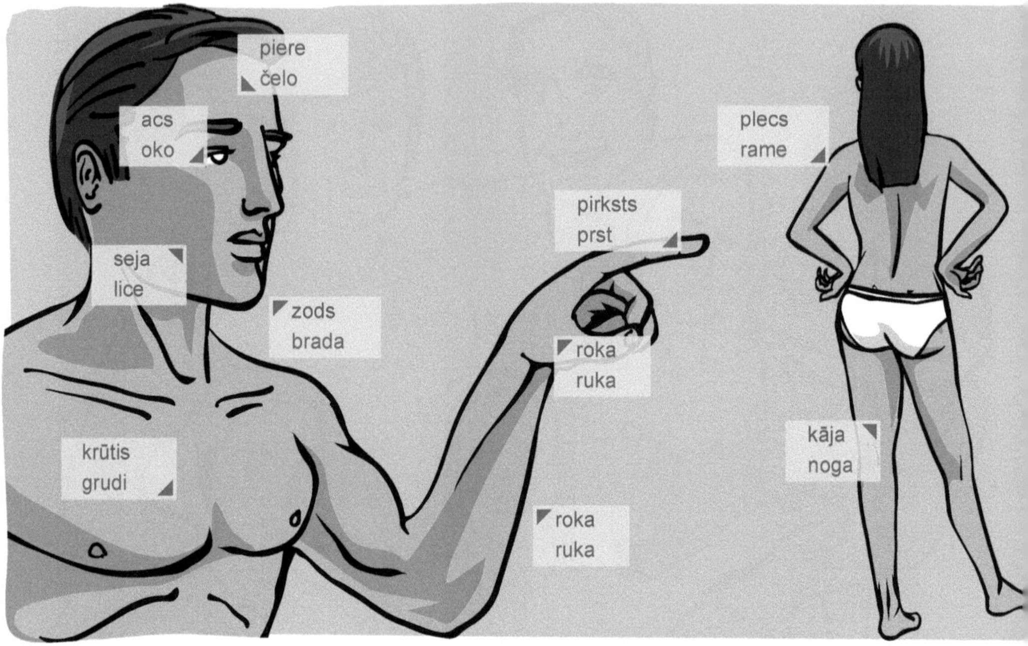

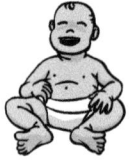

mazulis

beba

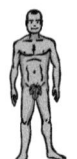

vīrietis

muškarac

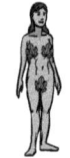

sieviete

žena

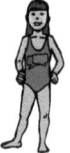

meitene

devojčica

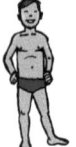

zēns

dečak

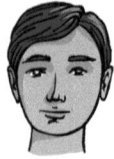

galva

glava

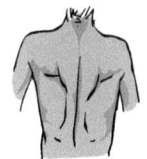

mugura
leđa

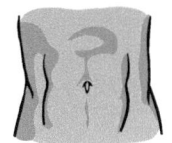

vēders
stomak

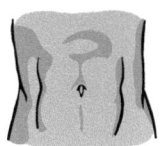

naba
pupak

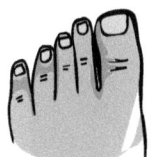

kājas pirksts
nožni prst

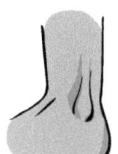

papēdis
peta

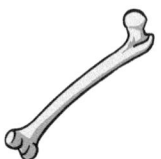

kauls
kost

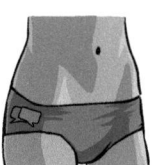

gurns
kukovi

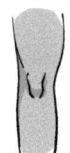

celis
koleno

elkonis
lakat

deguns
nos

dibens
zadnjica

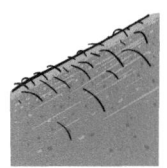

āda
koža

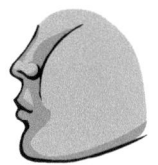

vaigs
obraz

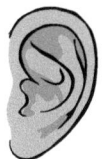

auss
uvo

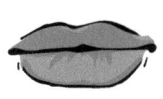

lūpa
usna

ķermenis - telo

mute
....
usta

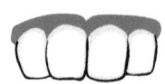

zobs
....
zub

mēle
....
jezik

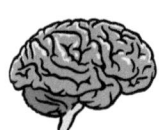

smadzenes
....
mozak

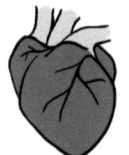

sirds
....
srce

muskulis
....
mišić

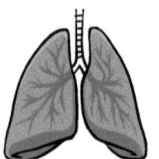

plaušas
....
pluća

aknas
....
jetra

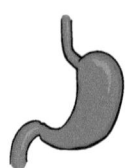

kuņģis
....
želudac

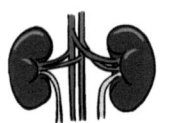

nieres
....
bubrezi

dzimumakts
....
polni odnos

kondoms
....
kondom

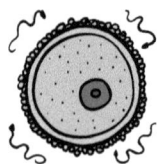

olšūna
....
jajna ćelija

sperma
....
sperma

grūtniecība
....
trudnoća

ķermenis - telo

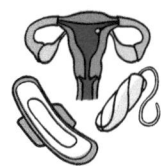

menstruācijas

menstruacija

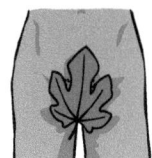

vagīna

vagina

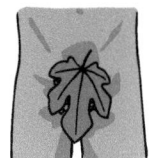

penis

penis

uzacs

obrva

mati

kosa

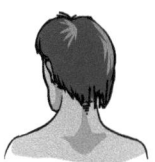

kakls

vrat

slimnīca
bolnica

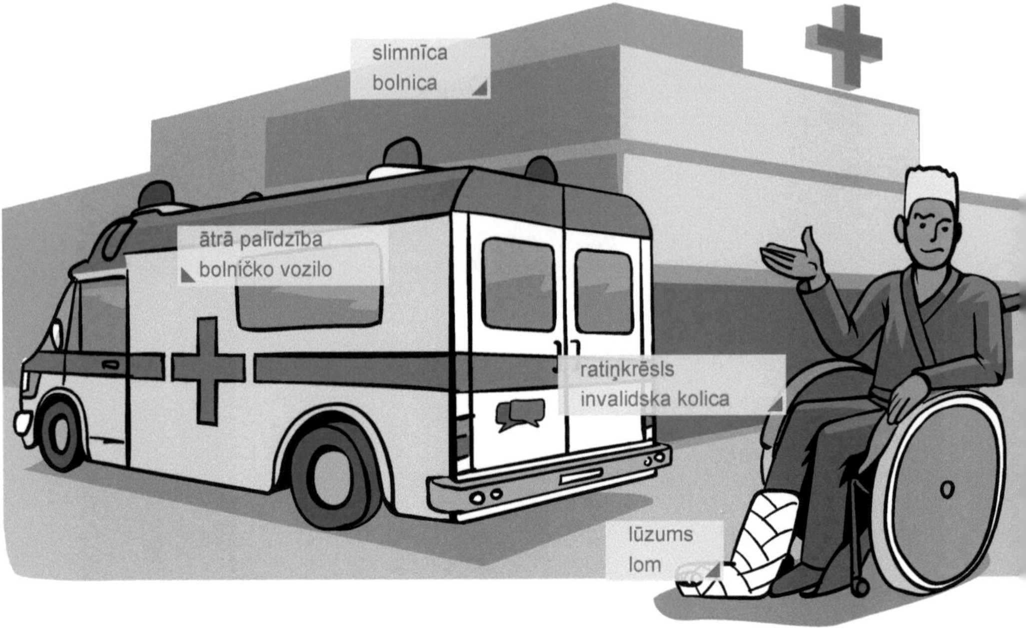

slimnīca
bolnica
ātrā palīdzība
bolničko vozilo
ratiņkrēsls
invalidska kolica
lūzums
lom

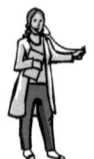

ārsts

lekar

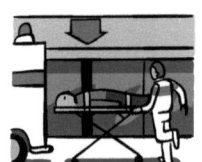

neatliekamās palīdzības nodaļa

hitna medicinska služba

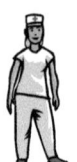

medmāsa

medicinska sestra

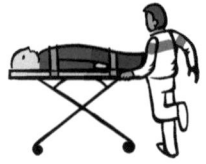

ārkārtas gadījums

hitni slučaj

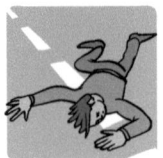

paģībis

nesvest

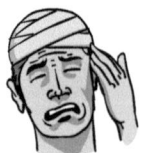

sāpes

bol

ievainojums

povreda

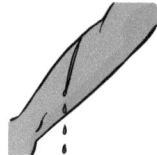

asiņošana

krvarenje

sirdslēkme

srčani udar

insults

udar

alerģija

alergija

klepus

kašalj

temperatūra

groznica

gripa

gripa

caureja

proliv

galvassāpes

glavobolja

vēzis

rak

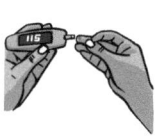

diabēts

dijabetes

ķirurgs

hirurg

skalpelis

skalpel

operācija

operacija

slimnīca - bolnica

datortomogrāfija
ct

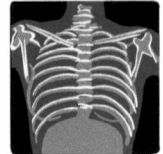

rentgents
rentgen

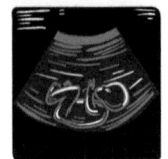

ultraskaņa
ultrazvuk

sejas maska
maska

slimība
bolest

uzgaidāmā telpa
čekaona

kruķis
štaka

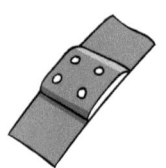

plāksteris
flaster

apsējs
zavoj

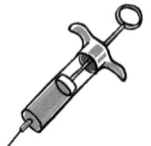

injekcija
injekcija

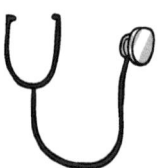

stetoskops
stetoskop

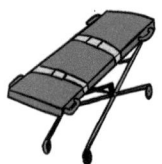

nestuves
nosila

termometrs
termometar

dzemdības
rođenje

liekais svars
prekomerna težina

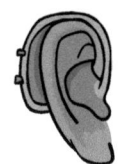

dzirdes aparāts

slušni aparat

dezinfekcijas līdzeklis

sredstvo za dezinfekciju

infekcija

infekcija

vīruss

virus

HIV / AIDS

HIV / AIDS

zāles

medicina

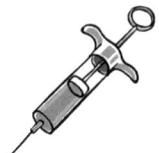

pote

vakcinacija

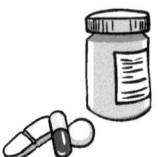

tabletes

tablete

pretapaugļošanās tablete

pilula

ārkārtas izsaukums

hitni poziv

asinsspiediena mērītājs

uređaj za merenje pritiska

slims / vesels

bolesno / zdravo

Palīgā!

pomoć!

trauksme

alarm

uzbrukums

nasrtaj

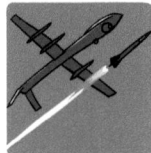

uzbrukums

napad

bīstamība

opasnost

avārijas izeja

izlaz u slučaju nužde

Uguns!

požar!

ugunsdzēšamais aparāts

protivpožarni aparat

negadījums

nezgoda

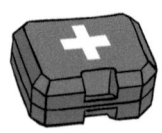

pirmās palīdzības aptieciņa

kutija prve pomoći

SOS

sos

policija

policija

Eiropa

Evropa

Ziemeļamerika

Severna Amerika

Dienvidamerika

Južna Amerika

Āfrika

Afrika

Āzija

Azija

Austrālija

Australija

Atlantijas okeāns

Atlantik

Klusais okeāns

Pacifik

Indijas okeāns

Indijski okean

Dienvidu okeāns

Antarktički okean

Ziemeļu ledus okeāns

Arktički ocean

Ziemeļpols

Severni pol

Dienvidpols

Južni pol

Antarktika

Antarktik

zeme

zemlja

zeme

zemlja

jūra

more

sala

otok

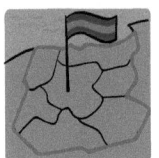

nācija

nacija

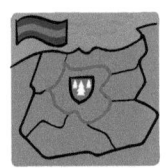

valsts

država

ciparnīca

brojčanik sata

stundu rādītājs

satna kazaljka

minūšu rādītājs

minutna kazaljka

sekunžu rādītājs

sekundna kazaljka

Cik ir pulkstenis?

Koliko je sati?

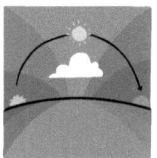

diena

dan

laiks

vreme

tagad

sada

digitālais pulkstenis

digitalni sat

minūte

minuta

stunda

čas

nedēļa
sedmica

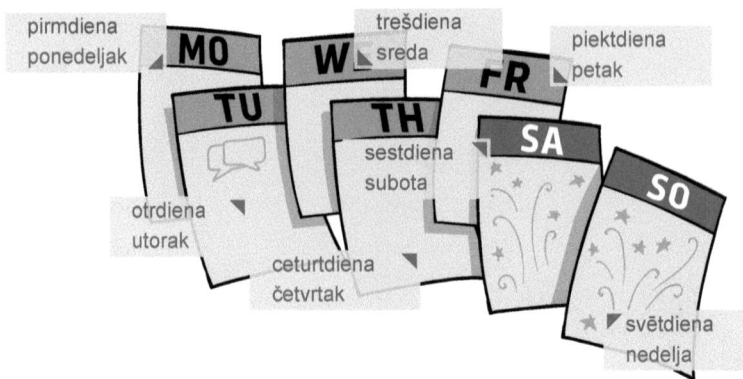

pirmdiena
ponedeljak

trešdiena
sreda

piektdiena
petak

otrdiena
utorak

sestdiena
subota

ceturtdiena
četvrtak

svētdiena
nedelja

vakardien

juče

šodien

danas

rītdien

sutra

rīts

jutro

pusdienlaiks

podne

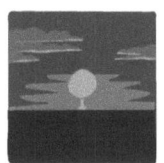

vakars

veče

MO	TU	WE	TH	FR	SA	SU
1	2	3	4	5	6	7
8	9	10	11	12	13	14
15	16	17	18	19	20	21
22	23	24	25	26	27	28
29	30	31	1	2	3	4

darbadienas

radni dani

MO	TU	WE	TH	FR	SA	SU
1	2	3	4	5	6	7
8	9	10	11	12	13	14
15	16	17	18	19	20	21
22	23	24	25	26	27	28
29	30	31	1	2	3	4

brīvdienas

vikend

gads
godina

lietus
kiša
varavīksne
duga
sniegs
sneg
vējš
vetar
pavasaris
proleće
rudens
jesen
vasara
leto
ziema
zima

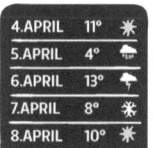

4.APRIL 11°
5.APRIL 4°
6.APRIL 13°
7.APRIL 8°
8.APRIL 10°

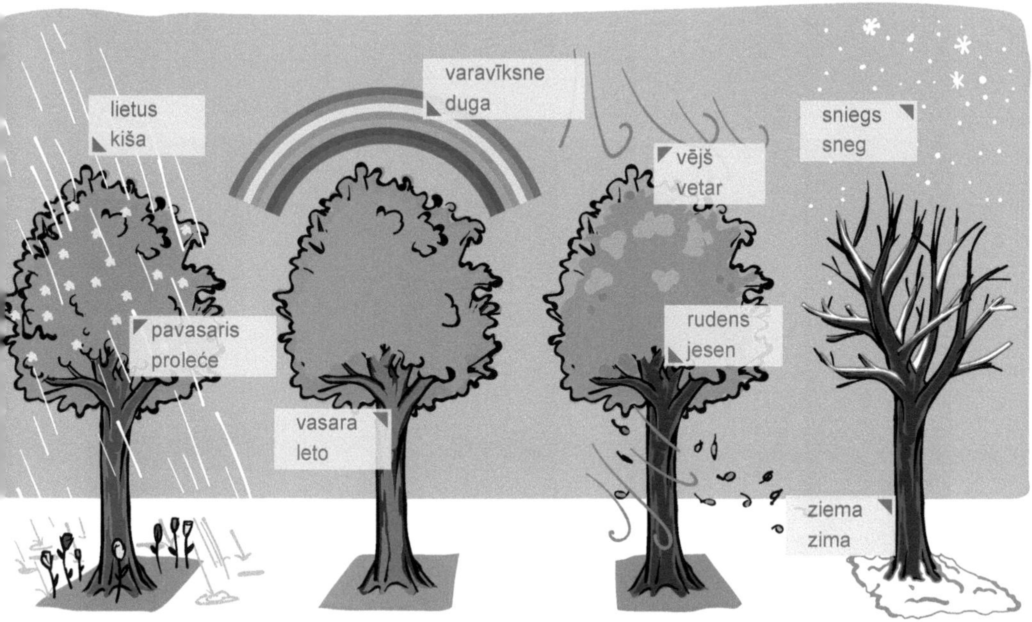

laika prognoze

meteorološka prognoza

F C
120 40
90 30
60 20
30 10
0 0
-30 -10
-20

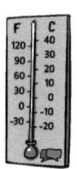

termometrs

termometar

saules gaisma

sunčana svetlost

mākonis

oblak

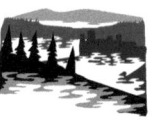

migla

magla

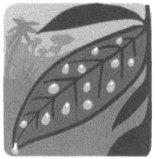

gaisa mitrums

vlažnost vazduha

zibens
....
munja

pērkons
....
grmljavina

vētra
....
oluja

krusa
....
tuča

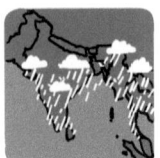

musons
....
monsun

plūdi
....
poplava

ledus
....
led

janvāris
....
januar

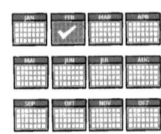

februāris
....
februar

marts
....
mart

aprīlis
....
april

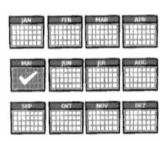

maijs
....
maj

jūnijs
....
juni

jūlijs
....
juli

augusts
....
avgust

gads - godina

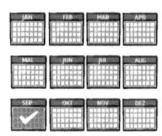

septembris

septembar

oktobris

oktobar

novembris

novembar

decembris

decembar

formas

oblici

aplis

krug

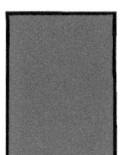

kvadrāts

kvadrat

četrstūris

pravougao

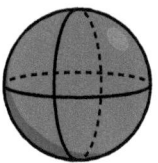

trīsstūris

trougao

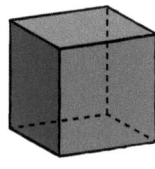

lode

kugla

kubs

kocka

balts

bela

dzeltens

žuta

oranžs

narandžasta

sārts

ružičasta

sarkans

crvena

lillā

ljubičasta

zils

plava

zaļš

zelena

brūns

smeđa

pelēks

siva

melns

crna

daudz / maz

mnogo / malo

saniknots / miermīlīgs

ljutito / mirno

skaists / neglīts

lepo / ružno

sākums / beigas

početak / kraj

liels / mazs

veliko / maleno

gaišs / tumšs

svetlo / tamno

brālis / māsa

brat / sestra

tīrs / netīrs

čisto / prljavo

pilnīgs / nepilnīgs

potpuno / nepotpuno

diena / nakts

dan / noć

miris / dzīvs

mrtvo / živo

plats / šaurs

široko / usko

baudāms / nebaudāms

jestivo / nejestivo

nikns / laipns

zlo / dobro

satraukts / garlaikots

uzbuđeno / dosadno

resns / tievs

debelo / mršavo

pirmais /pēdējais

na početku / na kraju

draugs / ienaidnieks

prijatelj / neprijatelj

pilns / tukšs

puno / prazno

ciets / mīksts

tvrdo / mekano

smags / viegls

teško / lagano

izsalkums / slāpes

glad / žeđ

slims / vesels

bolesno / zdravo

nelegāls / legāls

ilegalno / legalno

inteliģents / dumjš

pametno / glupo

kreisais / labais

levo / desno

tuvu / tālu

blizu / daleko

jauns / lietots

novo / polovno

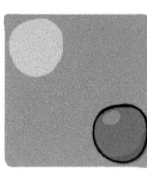

nekas / kaut kas

ništa / nešto

vecs / jauns

staro / mlado

ieslēgts / izslēgts

uključeno / isključeno

atvērts / slēgts

otvoreno / zatvoreno

kluss / skaļš

tiho / glasno

bagāts / nabags

bogato / siromašno

pareizi / nepareizi

tačno / pogrešno

raupjš / gluds

hrapavo / glatko

noskumis / laimīgs

tužno / sretno

īss / garš

kratko / dugo

lēns / ātrs

polako / brzo

slapjš / sauss

mokro / suho

silts / vēss

toplo / hladno

karš / miers

rat / mir

0	**1**	**2**
nulle	viens	divi
nula	jedan	dva

3	**4**	**5**
trīs	četri	pieci
tri	četiri	pet

6	**7**	**8**
seši	septiņi	astoņi
šest	sedam	osam

9	**10**	**11**
deviņi	desmit	vienpadsmit
devet	deset	jedanaest

12

divpadsmit

dvanaest

13

trīspadsmit

trinaest

14

četrpadsmit

četrnaest

15

piecpadsmit

petnaest

16

sešpadsmit

šestnaest

17

septiņpadsmit

sedamnaest

18

astoņpadsmit

osamnaest

19

deviņpadsmit

devetnaest

20

divdesmit

dvadeset

100

simts

stotinu

1.000

tūkstotis

hiljadu

1.000.000

miljons

milion

angļu

engleski

amerikāņu angļu

američki engleski

ķīniešu mandarīnu valoda

mandarinski kineski

hindi

hindski

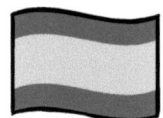

spāņu

španski

franču

francuski

arābu

arapski

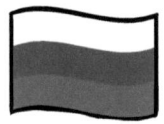

krievu

ruski

portugāļu

portugalski

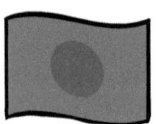

bengāļu

bengalski

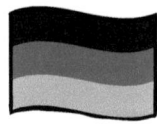

vācu

nemački

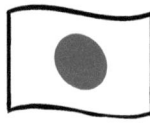

japāņu

japanski

es
ja

tu
ti

viņš / viņa
on / ona / ono

mēs
mi

jūs
vi

viņi / viņas
oni

kas?
Ko?

ko?
Šta?

kā?
Kako?

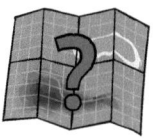

kur?
Gde?

kad?
Kada?

vārds
ime

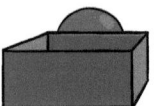

aiz

iza

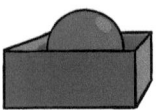

iekšā

u

priekšā

ispred

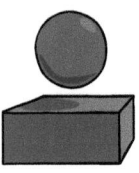

virs

preko

uz

na

zem

ispod

blakus

pored

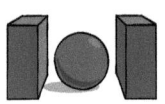

starp

između

vieta

mesto